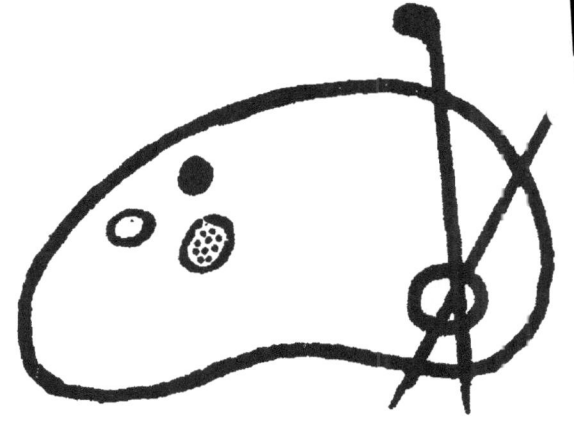

I0392236

Début d'une série de documents
en couleur

LE
PALAIS PONTIFICAL

DE SORGUES

(1319-1395)

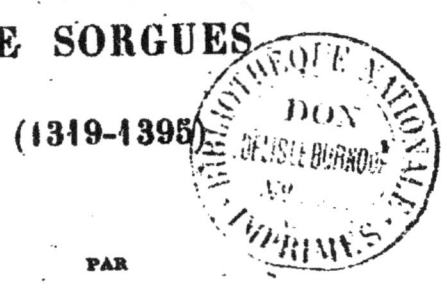

PAR

M. EUGÈNE MÜNTZ

Membre résidant
de la Société nationale des Antiquaires de France.

Extrait des *Mémoires de la Société nationale des Antiquaires
de France*, tome XLV.

PARIS
1885

(19)

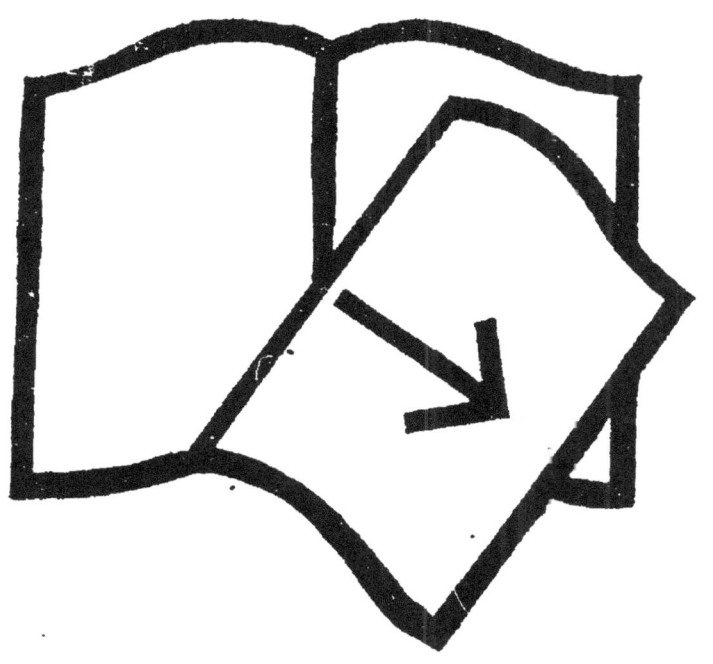

Couverture inférieure manquante

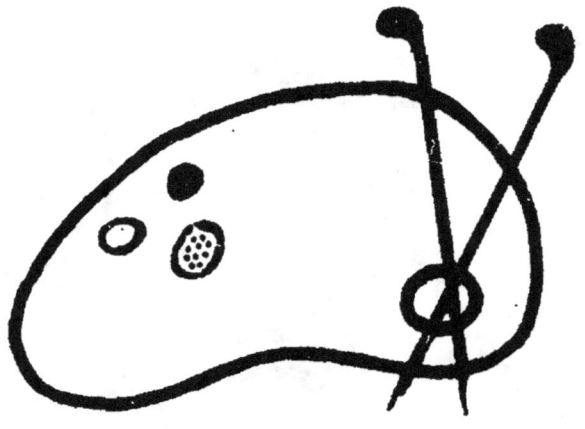

Fin d'une série de documents
en couleur

LE PALAIS PONTIFICAL

DE SORGUES

(1319-1395).

Par M. E. Müntz, membre résidant.

Dans son discours sur les travaux de la Société pendant l'année 1879, M. Heuzey, président sortant, me faisait l'honneur de m'inviter, à propos d'une communication sur le palais de Sorgues, à réunir en un mémoire les documents que j'avais rassemblés sur les artistes employés par la cour d'Avignon [1].

Je n'ai point oublié cette invitation, si flatteuse pour moi, et n'ai cessé, depuis cinq ans, de recueillir des notices nouvelles. Mais, avant de livrer à l'impression ma collection, qui forme dès à présent la matière d'un gros in-folio, je demanderai à la Société la permission de com-

1. *Bulletin*, 1880, p. 48, 49. Cf. p. 217, 218. Voyez en outre le *Bulletin* de 1882, p. 261-268, 281-282; celui de 1883, p. 91; le *Courrier de l'Art* du 15 décembre 1881, et la *Gazette archéologique* du mois d'avril 1884.

pléter ma communication sur le palais de Sorgues, cette résidence favorite des papes pendant le XIVᵉ siècle.

Le palais de Sorgues (autrefois Pons Sorgiæ) fut commencé, je le rappelle, en 1317, par le pape Jean XXII (Jacques d'Euse, de Cahors). De 1319 à 1324, on y dépensa plus de 30,000 livres. Les artistes les plus habiles reçurent la mission de le décorer. Je citerai parmi eux le frère Pierre du Puy (Petrus de Podio), déjà connu par une mention de l'abbé de Sade[1], Pierre Massonnier (Petrus Massonerii), Jean Dalbo ou Delbon, qui devint dans la suite un des peintres favoris de Benoît XII, et l'Anglais Thomas Daristot.

Pour les autres peintres attachés à ce travail, en 1321-1322, le chiffre seul de leur salaire permet d'établir entre eux une distinction : ce salaire varie de 1 sou à 3 sous et demi par jour. Seul Pierre Massonnier reçoit 4 sous et demi. Quant au frère Pierre du Puy, ses appointements mensuels s'élèvent à 10 florins, 10 tournois.

Voici, par ordre alphabétique de prénoms, la liste de ces peintres, dont quelques-uns, il ne faut

---

1. *Mémoires pour la vie de François Pétrarque*; t. I, 1764, notes, p. 76 : « Jean XXII ne bâtit pas beaucoup à Avignon. J'ai vu dans ses registres qu'il fit peindre une chapelle et qu'il tenoit pour cela à ses gages un peintre nommé frère Pierre, à qui il donnoit 10 florins par mois. Je ne sais qui est ce frère Pierre; il falloit que ce fût un peintre fort médiocre. Vasari n'en parle pas. »

pas se le dissimuler, n'étaient que de simples manœuvres :

Ademarius de Valencia (1 sou et demi par jour).

Aimarus (18 deniers).

Aimerius Celerii (3 sous et demi).

Andrinetus (2 sous).

Arinatus (?).

Arnaldus Coste (3 sous et demi).

Borguiera. Voy. Raymundus.

Bosquetus. Voy. Johannes Bosqueti et Petrus Bosqueti.

Bucalha. Voy. Maurellus.

Dalbus. Voy. Johannes et Stephanus.

Danisius de Braiban (4 sous).

Deius. Voy. Poncius.

Guilhelmetus (3 sous 6 deniers).

Guilhelmus Vidal ou Vital (3 sous).

Guirandus (1 sou, puis 1 sou et demi).

Jacobus Lumbardus (3 sous).

Johannes Angles ou Anglicus (2 sous et demi et 3 sous).

Johannes Bosqueti (1 sou).

Johannes Dalbus (3 sous et demi).

Johannes Dausurra (3 sous).

Johannes de Leo (3 sous et demi).

Johannes Lelus (2 sous et demi).

Johannes Lenorman ou Norman (2 sous et demi).

Johannes Oliverii (3 sous et demi).

Johannes de Romas (3 sous).

Maurellus ou Morellus Bucalha ou Buchalha (2 sous et demi).

Perrotus (un demi-sou).

Perrotus Dagenes (1 sou, plus tard 1 sou et demi).

Perrotus Norman (2 sous 6 d.).

Petrus Bosqueti (3 sous 6 d.).

Philipotus (2 sous et demi).

Pinu. Voy. Stephanus.

Poncius ou Ponsetus Deius (2 sous 6 d.).

Raymundus Borguiera (18 deniers).

Stephanus Dalbus (3 sous et demi).

Stephanus de Pinu (3 sous).

Thomas de Montepessulano (2 sous et demi).

Vincencius (3 sous).

Les acquisitions de feuilles d'or et de couleurs fines prouvent quel luxe Jean XXII entendait déployer dans la décoration de ce palais, qui, il ne faut pas l'oublier, précéda celui d'Avignon.

D'innombrables travaux, dont quelques-uns d'une grande importance, furent exécutés à Sorgues pendant les pontificats suivants. Je me bornerai à mentionner ceux qu'y firent entreprendre Benoît XII, Clément VI, Innocent VI et Urbain V[1].

1. Voy. en outre les registres nºs 162 (1337), fol. 86, 190 (1341), fol. 114, 193 (1342), 195, 200 (1343-1344), ff. 19, 161 et ss., 219 (1343 et suiv.), 241 (1346-1353, de moneta cudenda in Ponte Sorgie), 277 (1355-1356), 395 (1370, comptes de Bernardus de Manso), etc.

Le palais de Sorgues continua, jusqu'au XVIe s., à servir de lieu de villégiature aux représentants de la papauté. En 1581-1582 notamment, le vice-légat y fit un séjour prolongé[1]. Mais les guerres de religion ne tardèrent pas à lui porter un coup fatal. L'édifice fut incendié par les réformés, et ne se releva pas de ses ruines. Vendu en 1789, il fut rasé au niveau du sol[2].

En 1882, voulant étudier de visu le bourg qui a joué un rôle si considérable dans l'histoire des papes français, j'ai profité d'un voyage à Avignon pour m'arrêter quelques instants à Sorgues ; la localité est reliée à l'ancienne capitale du comtat Venaissin par le chemin de fer et par un omnibus ; il faut environ une heure pour s'y rendre en voiture.

Du palais même, il ne reste plus la moindre trace ; un jardin en occupe l'emplacement. En face s'élève le nouveau pont (l'ancien est situé un peu plus loin, à une quarantaine de mètres en aval). Mais Sorgues, que jamais archéologue ne semble

1. *Bulletin des travaux historiques*, section d'histoire et de philologie, 1884, p. 57 : « 1581, 10 février. Le cardinal d'Armagnac estoit à Sorgue depuis la Noël, où il fesoit bonne chère ; » p. 66 : 28 mai 1582 : « M. le cardinal alla tenir les Estats aux Gentilins de Sorgues, » etc.

2. M. Faucon vient de publier, dans les *Mélanges de l'École française de Rome* (1884), en l'accompagnant d'un bon commentaire, un plan inédit de ce palais, conservé à la bibliothèque d'Avignon. On trouvera dans son travail plusieurs indications que je néglige à dessein ici (p. 18, 61, 75-82, 84-90 du tirage à part).

avoir pris la peine de visiter, n'est pas aussi dénuée de vestiges de son ancienne magnificence qu'on se plaît à l'affirmer. De loin en loin, on aperçoit des pans de murs, construits en fort bel appareil, des mâchicoulis, des fossés, indiquant l'enceinte primitive.

Dans une rue située à quelque distance du pont, à proximité du palais, s'élève une maison dont le rez-de-chaussée se distingue par des arcades ogivales, aujourd'hui murées. A la hauteur du premier étage est placé un écusson, malheureusement martelé. L'intérieur est voûté en tiers-point; j'y remarque une chambre formée par une seule ogive. La façade semble avoir été crénelée à l'origine. Nous avons là, certainement, soit une dépendance du palais pontifical, soit l'habitation de quelque cardinal.

Plus loin, dans le même pâté de constructions, se dresse une vieille cheminée, de dimensions monumentales.

En poursuivant notre route, nous rencontrons les restes d'un mur fort épais, et enfin, presque dans la campagne, un édifice que les habitants désignent sous le nom de château. C'est une maison construite en pierres de taille, avec une demi-douzaine de fenêtres modernes, disposées sans symétrie sur la façade. Les vestiges des anciennes fenêtres, en tiers-point, apparaissent à la hauteur du premier étage; une seconde rangée de fenêtres, de dimensions plus exiguës, était

pratiquée au-dessus. Le « château » sert aujour-
d'hui d'habitation à une modeste famille de culti-
vateurs.

Puissent les archéologues du comtat Venaissin
compléter bientôt cette rapide esquisse !

Avant de reproduire les documents qui forment
la base de mon travail, je dois exprimer mes
remerciements à M. Paul Fabre, membre de
l'École française de Rome, pour l'obligeance avec
laquelle il a bien voulu les revoir sur les registres
originaux, conservés dans les Archives secrètes
du Vatican.

DOCUMENTS.

Item (anno domini M) CCC XXII, die xv mensis Madii, ego Petrus de Aula predictus nomine
dominorum Camerarii et Thesaurarii domini nostri feci conventionem cum magistro Petro Clari
Masso de Celone(?) de faciendo quodam muro in
palatio papali Pontis Sorgie pro clausura grada-
rii magni dicti palatii, promisit etiam facere
bojaso (?) seu murum pro dicta clausura de
bonis lapidibus bene sizis et fundamenta facere
de spiscitudine duorum palmorum et continuate
usque ad gradarium et postea continuare de spiscitudine duorum palmorum cum dimidio et facere
mr^{or} portas et vistas (?) sufficientes et pilaria pro
portis ad cognitionem magistrorum, quelibet cunna

precio XXX s. vien., et debuit cannari[1] vacuum pro pleno, et debuit habere lapides et morterium et construere suis expensis precio predicto, prout hoc continetur in instrumento per manum magistri Johannis Giraman notarii Pontis Sorgie super hoc recepto.

De pictoribus et picturis[2].

C. I. De pingenda aula que est a parte aque ad Pontem Sorgie.

De aula pingenda que est a parte aque.

Anno Domini M CCC XXI die XXIII mensis augusti magister Thomas Daristot pictor anglicus convenit et promisit mihi Petro de Aula recipienti nomine dominorum Camerarii et Thesaurarii domini nostri pape pingere aulam que est in dicto palacio a parte aque Sorgie precio C florenorum auri juxta modum et formam datam per fratrem Petrum de Podio de ordine fratrum minorum, pictorem domini nostri, prout continetur in instrumento per manum magistri Johannis Giraman, notarium Pontis Sorgie, et debuit habere colores et operarios suis expensis precio supradicto, et ego debui sibi ministrare fustam et clavos pro faciendis staggeriis.

1. Ducange : « cannare == canna metiri. »
2. Registre n° 353 (ancien n° 37), 1319-1322. J'ai reproduit le début de ce registre dans le *Bulletin* de 1880, p. 247, 248.

Item anno quo supra die XXIII mensis augusti solvi magistro Thome Daristot pictori anglico pro preffagio [1] sibi dato de pingenda aula et complenda de picarnis (?) que est in dicto palacio a parte aque Sorgie, in summa... XXV flor. auri. Et mag. Johannes Giraman notarius Pontis Sorgie recepit instrumentum. Valent XXVI lb., XLIII sol., VI d. vien., singulis florenis XXI s., VI d. vien. computatis.

Item anno quo supra die XX mensis septembris solvi... XX flor. auri.

Item anno quo supra die XV mensis octobris solvi... XXX flor.

Item... die penultima mensis novembris solvi... XXV flor.

Et ibidem dictus mag. Thomas pictor fecit mihi Petro de Aula recognitionem quod comprehensa ista solucione et aliis suprascriptis a me receperit ratione aule predicte sic per ipsum depicte in summa C flor. auri, et mag. Johannes Giraman notarius Pontis Sorgie recepit instrumentum (ff. 100-101).

De aula que est a parte Orientis.

Item anno quo supra die XXIII mensis decembris mag. Thomas Daristot pictor de Anglia promisit mihi Petro de Aula nomine dominorum

---

1. Ducange : « Dare ad *prefachiam* Massiliensibus est dare sub convento pretio. »

Camerarii et Thesaurarii domini nostri pape pingere aulam a parte inferiori seu in superiore staggerio, que est in dicto palacio a parte ville cum arcubus, fenestris et pilaribus ad cogitacionem fratris Petri de Podio, de ordine fratrum minorum, pictoris domini nostri, precio xx flor. auri, et hoc feci de consciencia domini Ademari Thesaurarii domini nostri, et debuit habere colores et operarios propriis suis expensis, et mag. Johannes Giraman notarius Pontis Sorgie recepit instrumentum.

Item anno et die quibus supra solvi magistro Thome Daristot anglico pictori pro preffagio eidem dato de pingenda aula a parte inferiori que est in dicto palacio a parte ville, solvi eidem viii flor. auri. Et mag. Johannes Giraman notarius Pontis Sorgie recepit instrumentum. Valent viii libr., xiii s., iiii d. vien., singulis flor. xxi s., viii d. vien. computatis.

Postmodum vero fuit ordinatum quod in predicta aula a parte inferiori fieret consistorium pro domino nostro et cum dictus pictor processisset in picturis dimisit qualiter volebant domini quod pingeretur (fol. 103).

De aula que est a parte Orientis.

Item anno Domini M CCC XXI, die lune ante festum beate Marie Magdalene, que fuit xix dies mensis julii, pontificatus sanctissimi patris et domini nostri domini Johannis divina clementia pape XXII anno V, frater Petrus, de ordine fratrum minorum, pictor ejusdem domini nostri, venit ad palacium papale Pontis Sorgie pro pingendis aulis et cameris dicti palacii.

Et primo incepit pingere aulam dicti palacii que est a parte Orientis, in qua fuerunt facta tria media de gippo pro studio et cameris domini nostri.

Item anno quo supra, die XXVI mensis julii ego Petrus de Aula solvi pictoribus infrascriptis qui fuerunt in dictis studio et cameris que sunt a parte Orientis, depingendis una cum dicto fratre Petro pictore domini nostri a die XIX mensis julii usque ad presentem diem et pro aliis predictis picturis necessariis ut infra sequitur, et primo solvi :

Magistro Petro Massoner(io) pictori pro IIII diebus pro die IIII s. VI d. vien. solvi XVIII s. vien.

Item Johanni Oliverii pro VI diebus pro die III s. VI d. vien. solvi XXI s. vien.

Item Johanni Daussurra pro IIII diebus pro die III s. vien. solvi XII vien.

Item Johanni Angles pro VI diebus pro die II s. VI d. vien. solvi XII s. vien.

Item Poncio Deio pro IIII diebus pro die II s. VI d. vien. solvi X s. vien.

Item Andrineto pro IIII diebus VIII s. v.

Item Stephano Dalbo pro II diebus VII s. v.

Item Perroto Lenorman pro II diebus V s. v.

Item Arinato (?) pro VII diebus XXIII s. v.

Item Petro Astali et magistro Arnaldo Deide

fusteriis pro IIII jornalibus in quibus reffecerunt domum in qua inhabitabat dictus frater Petrus pictor cum comitiva sua intra fortalicia dicti palacii pro die III s. vien. solvi XII s. vien... (omissis).

Item eodem die solvi magistro Petro Massonerii pictori pro I quintali et dimidio de ocra, precio XXIIII s. vien. Item pro uno cabassio in quo dicta ocra adeportata fuit precio IIII d. vien... (omissis) (fol. 104).

Item anno quo supra die IX mensis augusti solvi magistris pictoribus infrascriptis qui operati fuerunt per II septimanas proxime precedentes in aula que est in dicto palacio depingenda a parte Orientis et pro aliis rebus emptis pro dictis picturis necessariis, et primo :

Magistro Petro Massonerii pictori pro X diebus pro die quolibet IIII s., VI d. vien. solvi XLV s. vien.

Item Johanni Oliverii pro X diebus, pro die III s., VI d. vien., solvi XXXV s. vien.

Item S(tephano) Dalbo pro X diebus XXXV s. vien.

Item Aimerico Celere pro X diebus solvi XXXV s. vien.

Item S. de Pinu pro X diebus, pro die quolibet III s. vien. XXX s. v.

Item Johanni Dausurra pro X diebus solvi XXX s. v.

Item Guilhelmo Vidal pro VIII diebus XXIIII s. v.

Item Perroto lo Norman pro X diebus, pro die II s., VI d. vien. solvi XXV s. v.

Item Moren (?) Bucalha pro IX diebus XXII s., VI d. vien.

Item Johanni Angles pro X diebus XXV s. v.

Item Thome de Monte Pessull(ano) pro VII diebus solvi XVII s. VI d.

Item Andrineto pro X diebus, pro die II s. solvi XX s.

Item Ademario de Valencia pro VII diebus, pro die XVIII d. vien., solvi X s. VI d.

Item Por seto Deio pro X diebus, pro die II s., VI d. solvi XXV s.

Item Perroto Dagenes pro IX diebus solvi IX s.

Item Guirando pro IX diebus solvi IX s.

Item Johanni de Lengres manobre qui juvavit mutare postes de una camera in alia pictoribus pro v diebus pro die XVIII d. vien. solvi VII s. VI d.

Item magistro Thome Geraldi fusterio pro III jornalibus quibus fecit staggerias dictis pictoribus, pro die III s. vien. solvi XII s. v... (omissis).

Item eodem die solvi magistro Petro Massonerii pictori pro LXXII ovis pro picturis precio III s., IX d. vien... (fol. 104 v°).

Item anno quo supra, die XXIII mensis augusti solvi pictoribus infrascriptis, qui operati fuerunt in picturis studii et camerarum domini nostri, in aula que est a parte Orientis per duas septimanas proxime precedentes et pro aliis pro dictis picturis necessariis... (Suit la liste des peintres.)

Item eodem die solvi magistro Petro Massonerii pictori pro v libris et una cart. et media

onsia de verdet pro picturis emptis in Avinione...
(fol. 105).

Item anno quo supra, die XXVI mensis augusti
solvi Johanni de Fonce, qui moratur cum Guilhelmo Flecherii mercator(e) de Avinione, pro
VI libris de vermelho, precio XX sol. vien.... (fol.
105 v°).

Item eodem die solvi domino Guilhelmo de
Cucurano capellano [1] qui moratur cum domino
nostro in Avenione pro XLIIII lb. de azuro per me
ab eodem recepto pro picturis faciendis in aula et
cameris que sunt in dicto palacio a parte Orientis,
quelibet libra precio V sol. vien. computata, solvi
eidem XI lb. vien. (fol. 106)...

Item anno et die quibus supra solvi Gele Loparel de Avenione bateire de auro et argento pro
mille peciis de fuelha de auro positis in studio et
cameris domini nostri que sunt in dicto palacio a
parte Orientis per fratrem Petrum de Podio de
ordine fratrum minorum pictorem domini nostri
et per alios suos pictores, quolibet centenario
precio XIIII s. vien.

Item pro VII° peciis de fuelha deaurata pro
dictis studio et cameris, quolibet centenario precio
XXVI s. v.

Item pro XII duodenis de fuelha de stagno de-
aurato precio XXXIII s. v. pro quibus supradictis
et per me ab eodem receptis pro dictis studio et

1. C'est l'architecte attitré de Jean XXII, Guillaume de
Cucuron.

cameris domini nostri a die xxx mensis augusti usque ad diem presentem solvi eidem Gele in summa xvii lb., xv s. vien. (fol. 407)...

. . . .

Item eodem die solvi Johanni de Fonte qui moratur cum Guilhelmo Flecherii mercatore de Avenione pro xlii libris et dimidio de oleo de linos (sic) pro picturis, precio xlii sol., vi den. vien. (fol. 408).....

Item eodem die solvi eidem magistro Petro Massonerii pro vᵒ peciis seu feulhis de auro finno empto ab Egidio Loparel de Avinione et per me receptis pro dictis picturis, quolibet centenario, precio xxvi s. vien., pro quibus solvi eidem vi lb., x s. v. (fol. 409 vᵒ).

. . . .

Item anno quo supra, die xxiii mensis decembris solvi pictoribus infrascriptis qui operati fuerunt in pingendis aulis et cameris que sunt in dicto palacio a parte Orientis et a parte ville ubi depingunt capellam domini nostri a die xxiii mensis novembris usque ad presentem diem et pro aliis pro dictis picturis necessariis, et primo... (Suit la liste des salaires habituels.)

Item eodem die solvi eidem magistro Petro Massonerii pro mille peciis de auro partito (?) brunit(o) super stagno empto et recepto ab Egidio Loparel batedor de auro et argento de Avinione pro picturis faciendis in Capella domini nostri que fit in aula que est in dicto palacio a parte ville, precio VII lb. vien., quolibet centenario precio XIIII s. Item pro LXVII lb. de candelis... (omissis) (fol. 110).

Item anno et die quibus supra solvi Johanni de Fonte qui moratur cum Guilhelmo Flecherii mercatore de Avinione pro uno quintali de blanqueto pro picturis dicti palacii faciendis per fratrem Petrum de Podio, de ordine fratrum minorum, et suos pictores in aula que est in dicto palacio a parte Orientis et in aula que est a parte ville, precio III lb., xv s. vien. Item pro xx lib. de vernis ... (omissis) (fol. 110 v°).

Item eodem die solvi eidem magistro Petro Massonerii pictori pro mille VII° peciis de auro partito empto... pro capella domini nostri, que depingitur in dicto palatio, quolibet centenario precio XIIII s. vien... (fol. 111).

Item anno domini M CCC XXII, die ultima mensis februarii ego Petrus de Aula solvi operariis pictoribus infrascriptis qui operati fuerunt a die ultima mensis januarii usque ad presentem diem in pingendis capella domini nostri in dicto palatio et camera domini cardinalis nepotis domini nostri et pro aliis pro dictis picturis faciendis necessariis, et primo solvi... (Suivent les noms des peintres.)

Item eodem die solvi eidem magistro Petro Massonerii pictori pro II^m II° peciis de auro partito per me recepto ab eodem pro capella domini nostri... (fol. 111 v°).

Item anno quo supra dominica in festo ramis-palmarum que fuit dies IIII mensis aprilis solvi operariis pictoribus infrascriptis qui operati fuerunt in pingendis capella et camera domini cardinalis et cameris militum a die I mensis marcii usque ad diem presentem et pro aliis pro dictis picturis necessariis, presente fratre Petro de ordine minorum pictore et primo... (Suit la liste des peintres) (fol. 112).

Item... die IX mensis madii solvi operariis pictoribus infrascriptis qui operati fuerunt a die XXIIII mensis aprilis usque ad presentem diem in pingendis cameris militum dicti palatii et (in) camere turris que est juxta capellam dicti palatii... (Suit la liste des peintres).

Item eodem die solvi eidem magistro Petro Massonerii pro uno lapide marmoreo pro coloribus molendis empto a magistro Thoma Anglico precio VI s. VIII d. vien. (fol. 113)...

Item anno quo supra die XXIII mensis madii... in pingendis cameris in turribus croceriis que sunt in dicto palatio a parte orientis et in tertio solerio et camera turris enfustate que [est] juxta primum portal(e) dicti palatii et pro aliis necessariis pro dictis picturis faciendis. (Suit la liste des peintres) (fol. 114).

Item anno quo supra die VI mensis junii... in pingendis turribus enfustatis dicti palatii... (fol. 114 v°).

Item anno quo supra, die VI mensis junii. Ego

2

Petrus de Aula solvi nomine quo supra fratri
Petro de Podio de ordine fratrum minorum pictori
domini nostri pape pro XXII libris de azuro fino
pro capella domini nostri pingenda et aliis picturis faciendis in dicto palatio, quelibet libra precio
XI turon. gr. argenti cum o rotundo, qui valent ad
turon. parvos XIIII s., VIII d. tur. parvorum, quolibet tur. gr. XVI d. turon. comput. et ad vien.
valent XX lbr., III s., IIII d. vien.

Item pro XXVIII libris de azuro pro dicta capella
pingenda et aliis picturis faciendis in dicto palatio, quelibet libra pretio VIII s. tur. parvorum,
valent XI libras, IIII s. tur. parvorum et ad vien.
XIIII lb, vien. (fol. 115).

Item anno quo supra, die III mensis julii... in
turribus enfustatis dicti palatii et in capella domini
nostri... (Suit la liste des peintres) (fol. 117).

Item anno quo supra die XXXI mensis julii solvi
operariis pictoribus infrascriptis qui fuerunt operati... in pingendis capella et camera domini
cardinalis et claustris dicti palatii... (Suit la liste
des peintres) (fol. 118 v°).

1336. 20 mai. Pro IIII quintalibus de stagno
pro aque conductu pontis seu grifonis qui [fuit]
factus in palacio Pontis Sorgie, emptis a Poncio
Bocayranni de Baniolo, ad rationem quintale
LXV s., solvimus Johanni Rocquerii famulo dicti
Poncii, XIII lb. in XX fl. auri (Reg. n° 148, 1336,
fol. 119 v°).

« 5 novembre. Facto computo cum domino

Johanne La Faya rectore ecclesie de Gaiano Mira-
picen. dioc. custode palacii Pontis Sorgie pro
operibus per ipsum factis in dicto palacio a die
II mensis maii usque ad diem XIX mensis octobris
proxime preteriti, videlicet pro destruhendis
coquinis ac construhendis de novo et pro elevandis
muris viridarii a parte Sorgie et cohoperienda
camera domini nostri pape ac capella, et faciendis
meianis de gipo in panateria et buticularia pratis
viridarii, et expensis factis pro orto, et pro
faciendo uno puteo, et pro faciendo grifone aque
et vallatis per quas transit aqua veniens ad grif-
fonem et ad ortum, et aliis diversis expensis que
ascendunt ad summam M COC° XCIII lb., VII s.,
IIII d. cor., solvimus eidem dictam summam in
II^m CV flor. auri, XXX s. turon. gros., X s.,.,, VII s.
IIII d. cor. (Ibidem, fol. 119 v°-120 v°).

1338. Die XVI mensis septembris facto computo cum domino Johanne La Faia castellano
Pontis Sorgie de operibus infrascriptis factis per
ipsum pro domino nostro papa in Ponte Sorgie,
videlicet pro reparatione portalis primi palacii
Pontis Sorgie, quod portale minabatur ruynam,
et pro uno pilari lapideo facto subtus coquinam,
et pro uno gradario facto in coquina, quam lapidibus, quam fusta, et pro uno fornello de gippo
et fusta, facto in dicta coquina, solvimus eidem
XLII flor., XVII lb., XVIII s., IX d. cor.

Item pro faciendo recoperiri aliquas domos
dicti palacii et duobus milibus tegulis emptis pro

recoperiendo et aliquibus reparationibus minutis factis in dicto palacio, LXVII s. cor. (Reg. n° 162, fol. 86).

1381. 22 avril. Guillelmo Columberii magistro operum domini nostri pape pro operibus apud Pontem Sorgie faciendis, XXX fl. cam., XX s... (Reg. n° 354).

1395. 2 décembre. Domino Johanni Bisacci directori operum domini pape... pro reparationibus per ipsum fieri faciendis in pal. ap° Pontis Sorgie, de quibus computabit, per manus domini Johannis Francisci collectoris Bituricensis a scuti auri de Francia, valent, quolibet pro XXXIIII s. et flor. Camere pro XXX s. computato, CXIII fl. Ca., x s. (autres paiements du 23 mars et du 8 août 1396. Reg. n° 372, ff. 161, 162 v°)

www.ingramcontent.com/pod-product-compliance
Lightning Source LLC
Chambersburg PA
CBHW030129230526
45469CB00005B/1875